Une jeunesse orageuse

UNE JEUNESSE ORAGEUSE

OU

LES SUITES

D'UNE INDÉPENDANCE TROP PRÉCOCE

DONNÉE

AUX ÉCOLIERS

PAR L'AUTEUR DES MÉMOIRES D'UNE ROSE ET D'UN PAPILLON.

TEXTE ORNÉ DE HUIT GRANDES LITHOGRAPHIES

TIRÉES A PART ET A TEINTES.

Il n'est point d'état dans la société, qui
n'ait sa servitude.
VOLTAIRE.

LITHOGRAPHIE ARTISTIQUE DE LA LORRAINE

HAGUENTHAL, ÉDITEUR

A PONT-A-MOUSSON (MEURTHE).

1857

Pont-à-Mousson, Typ. Toussaint.

UN jeune homme d'environ quinze ans, mais dont la haute taille annonçait une force au-dessus de son âge, et le regard une audace peu commune, était assis sur le parapet qui borde, à Brest, le cours d'Ajot.

Le coude appuyé sur des livres réunis par une courroie et les pieds suspendus sur l'abîme, il jetait, d'une main distraite, dans la mer qui grondait au-dessous de lui, quelques débris arrachés au mur sur lequel il était à demi-couché.

Près de lui se tenait un autre enfant moins bien constitué, un peu contrefait même, que l'on eût cru à peine sorti de la première jeunesse, si ses traits déjà développés n'eussent contredit sa chétive apparence. Paul Blanchart avait, en effet, une seule année de moins que son frère Antoine; mais inférieur à lui en force, en hardiesse et en volonté, il s'était accoutumé à suivre en tout ses conseils. Non que Paul fût aussi faible qu'il le paraissait au premier abord; son enveloppe débile cachait, au contraire une vitalité tenace et une vigueur d'inertie que l'on n'eût point trouvées chez de plus grands : mais c'était une nature imitatrice, prenant la route qu'on lui montrait par paresse d'en chercher une autre; dévoué d'ailleurs à son frère, pour lequel il avait autant d'admiration que d'amitié et se faisant gloire de le suivre en tout, comme le soldat suit son général.

Tous deux se rendaient au pensionnat voisin, et attendaient que l'heure de la classe sonnât.

Tout-à-coup Antoine se redressa brusquement en poussant une exclamation, et étendant la main vers la rade :

Vois, vois, petit Paul, s'écria-t-il, la corvette d'instruction va appareiller.

Le navire désigné par l'écolier venait, en effet, de lever l'ancre; les vergues et les hunes étaient garnies d'élèves du vaisseau-école. Les voiles se déployaient l'une après l'autre pour prendre la brise qui s'élevait du large, et bientôt la corvette s'élança sur les vagues avec la légèreté d'une hirondelle de mer.

De tous les spectacles propres à intéresser l'intelligence humaine, aucun, peut-être, n'est comparable à celui d'un navire manœuvrant sur une bonne mer, avec une brise favorable et le drapeau national à son pic.

Les passes les plus rapides et les plus variées du cheval de course lui-même ne peuvent donner idée de cette promptitude de mouvement, de cette coquetterie d'allure, ni de cette grâce mutine d'obéissance. Un navire n'est pas une machine de bois, de toile et de cordages, comme on peut le croire en le voyant immobile au port; c'est un être animé de plusieurs centaines d'intelligences, qui peut écouter, voir, et qui parle avec le canon. La corvette venait justement de faire entendre cette voix, et elle rasait la côte, laissant derrière elle un long nuage de fumée. Antoine s'était redressé sur le parapet en poussant un joyeux hourra, lorsque la cloche du pensionnat interrompit tout-à-coup son enthousiasme.

Au diable le vieux timbre fêlé! s'écria-t-il en se détournant; il faut toujours qu'il se fasse entendre quand on s'amuse. Je voudrais que le *Grand-Jaune* eût sa cloche suspendue au cou, en guise de breloque.

Le lecteur saura que le Grand-Jaune n'était autre que le maître de pension, excellent homme, auquel ses cheveux gris et son visage couleur de parchemin avaient fait une réputation universelle de science.

Regarde, ajouta Antoine, dont les yeux ne pouvaient quitter la corvette, la voilà qui loffe.... Quel plaisir, petit Paul, de la voir filer ainsi sur la vague!

— Si le Grand-Jaune était ici, observa Paul, il nous prouverait que Virgile a parlé de cette manœuvre, et il nous citerait un vers latin.

— Ne me parle pas de latin, répliqua brusquement Antoine, c'est mon ennemi naturel. Le beau profit que je tirerai d'avoir expliqué Horace et de savoir que les Romains préféraient l'huile de Venafre pour la sauce des lamproies !

— Notre oncle le notaire veut que nous fassions nos classes, dit Paul avec un soupir.

Son frère haussa les épaules.

— Pourquoi notre oncle serait-il maître de nous mener à sa fantaisie? murmura-t-il. Est-on esclave parce qu'on n'a pas encore des favoris ?... Je veux être indépendant, moi.

C'était ordinairement par ce mot que commençait les révoltes d'Antoine. Qu'on lui reprochât la perte de ses mouchoirs, l'accroc fait à un pantalon, sa négligence à apprendre ou son penchant exagéré pour les confitures de sa tante, il finissait toujours, après un court débat, par invoquer son indépendance! L'expérience ne lui avait pas encore fait comprendre la nécessité de la soumission, et il regardait toute contrainte comme un attentat à sa liberté. Ce soin de n'obéir qu'à ses propres désirs l'engageait dans des combats qui lui ôtaient tout plaisir et tout repos; mais, loin de s'en prendre à son manque de docilité, il accusait la tyrannie des maîtres, et ne voyait dans les tourments de la lutte qu'une excitation à conquérir sa liberté.

Son frère Paul, plus paisible, eut accepté sans trop de peine l'obéissance; mais il s'associait aux insurrections de son aîné par imitation. C'était une sorte de Pylade nonchalant, courant toujours après son Oreste afin de n'être pas obligé de chercher tout seul son chemin, et partageant toutes ses aventures par occasion, sans aller au-devant d'elles, mais aussi sans les craindre.

Lorsqu'il entendit Antoine invoquer son indépendance à propos de classe, il comprit qu'il allait y avoir une levée de boucliers contre le latin, et, reposant sur le parapet ses livres qu'il avait pris sous le bras, il attendit la déclaration de guerre.

Elle ne se fit point attendre. La cloche avait cessé de tinter ; Antoine tourna la tête vers le pensionnat avec une résolution méprisante.

Qu'ils traduisent des Églogues et scandent des vers alcaïques, dit-il ; j'ai besoin de prendre l'air, petit Paul, et je veux suivre l'exercice à feu de la corvette.

— Voyons l'exercice à feu, Antoine, dit petit Paul d'un ton d'indifférence philosophique.

— Le Grand-Jaune peut se fâcher si cela lui plaît, ajouta l'aîné ; je fais cas de sa colère comme d'un bigorneau vide ; et quand à notre oncle, s'il veut m'ôter toute liberté, je tapisse notre mansarde avec les feuilles de mon Virgile, et je donne le *Conciones* à Manon pour flamber les poulets.

— Tu pourras aussi donner le mien, ajouta tranquillement son frère.

— Descendons vers la mer, reprit Antoine, nous verrons mieux ; et quand la corvette aura fini, nous pêcherons des cancres pour mettre dans les poches du Grand-Jaune.

Paul saisit la courroie qui retenait ses livres, et, les jetant sur son dos en guise de hâvre-sac, il suivit docilement son frère.

Les autres sont occupés maintenant à sentir les beautés des ablatifs absolus, dit Antoine en riant ; je me moque de la grammaire et du professeur.... On n'a point de jouissance sans liberté.... Nous allons nous amuser comme des hommes, petit Paul.

— Amusons-nous, repondit celui-ci en jetant autour de lui des regards indifférents.

Dans ce moment passait une demi-douzaine d'enfants appartenant aux compagnies des mousses. A la vue de Paul ils s'arrêtèrent en ricanant.

Excusez, dit l'un d'eux en le désignant, en v'là une embarcation drôlement construite ! elle porte le bossoire à la poupe.

— Ne vois-tu pas que c'est un fraudeur, ajouta un second, qui cherche à dissimuler la contrebande logée entre ses deux épaules.

— Passez votre chemin, mauvais gratteurs de gamelle ! s'écria Antoine, qui ne souffrait point qu'on raillât son frère.

Les mousses le regardèrent.

— Pardon, dit le plus grand, en tirant son chapeau goudronné, monsieur demande quelque chose; que veut-il qu'on lui serve? est-ce un coup de pied ou un coup de poing?

— Prends d'abord ceci toi-même, répartit Antoine en appliquant à l'oreille du mousse un soufflet retentissant.

Le petit marin recula étourdi, mais il revint bientôt furieux sur son adversaire, qui le reçut vigoureusement. Par un élan naturel, Paul s'était élancé au secours de son frère; deux mousses l'assaillirent et un combat général s'engagea.

Bien que le nombre rendît la lutte inégale, l'agilité et la force d'Antoine tinrent longtemps la victoire incertaine; enfin les passants s'interposèrent, on força les mousses à se retirer et les deux frères demeurèrent tout meurtris et tout sanglants au milieu de leurs livres et de leurs cahiers foulés aux pieds.

En voilà une partie de plaisir! dit Paul en se frottant les bras d'un air piteux; tu aurais bien dû les laisser passer, Antoine, au lieu de commencer le feu.

—Pourquoi se sont-ils moqués de nous? s'écria Antoine exaspéré. Est-ce qu'on n'est pas libre d'être un peu bossu maintenant? Qu'ils y reviennent et je leur ferai voir plus de coups de poing qu'ils n'ont de gourganes dans une ration. Je ne souffrirai point qu'on nous tyrannise! Je veux être indépendant.

Petit Paul savait bien qu'il n'y avait rien à répondre à ces arguments: il se moucha, essuya la boue dont il était couvert, et commença la pêche de ses classiques dans le ruisseau. Son frère l'aida à les réunir, et tous deux poursuivirent leur route; mais lorsqu'ils arrivèrent sur la grève, la corvette était revenue à son encrage, la mer montait et les cancres avaient disparu.

Après d'inutiles recherches, ils durent se résigner à rentrer au logis sans avoir joui d'aucun des plaisirs qu'ils s'étaient promis. A la vue d'Antoine et de Paul, à demi-défigurés par les coups qu'ils avaient reçus, leur tante, Madame Durocher, jeta les hauts cris et voulut savoir ce qui leur était arrivé.

Antoine était franc et sincère : il raconta tout sans exprimer de repentir, mais aussi sans rien déguiser.

Son oncle, qui était survenu pendant ce récit, déclara aux jeunes gens qu'ils ne se rendraient plus seuls au pensionnat, et que leurs récréations seraient supprimées pendant huit jours. Provisoirement on les envoya changer de vêtements, Monsieur Durocher ayant à dîner, ce jour-là, plusieurs invités, parmi lesquels se trouvait Monsieur Solhaune, commandant la frégate *la Rapide*, qui devait partir sous peu.

Lorsqu'ils descendirent au salon, ils trouvèrent les convives réunis, et, aux regards demi-sévères, demi-railleurs que l'on tourna vers eux, ils comprirent facilement que leur escapade avait été racontée.

Le capitaine Solhaune ne leur laissa, du reste, aucun doute à ce sujet; car, prenant Antoine par l'oreille :

C'est donc toi, dit-il en riant, qui fais l'école buissonnière et rosses les mousses de Sa Majesté?... Pardieu! vous devriez me le donner à bord, Durocher, puisqu'il aime tant l'indépendance.

— Je l'ai plusieurs fois demandé, répliqua hardiment le jeune homme; mais mon oncle prétend qu'il n'y a que les ignorants et les mauvais sujets qui veuillent se faire marins.

— Plaît-il? s'écria le capitaine.

— C'est une méchanceté de ce drôle, murmura Monsieur Durocher, embarrassé.

— Mon frère peut dire si c'est la vérité.

— C'est la vérité, répéta petit Paul.

Le capitaine, qui avait paru un instant blessé, éclata de rire.

Allons, dit-il, je vois que nous ne sommes pas plus en crédit près des gens de loi, que les gens de loi près de nous. Tout est pour le mieux, du reste : chacun pour son pavillon. Mais si vous trouviez jamais, par hasard,

que ce garçon-là eût assez de vices et d'ignorance pour devenir marin,
envoyez-le moi, je me chargerai de son éducation navale.

L'avertissement que le dîner était servi brisa la conversation, et une
fois à table on se mit à causer d'autre chose.

Le capitaine Solhaune qui avait beaucoup navigué, raconta avec une
originalité piquante, plusieurs aventures comiques ou terribles dont il
avait été le héros. Antoine était tout oreilles ; il oubliait de manger et
osait à peine respirer.

Lorsqu'il se trouva seul, le soir, avec son frère, il ne lui parla que du
bonheur de voyager, et de sa résolution de profiter de la première cir-
constance pour tenter au loin les aventures. Paul approuva tout afin
d'abréger les confidences et de pouvoir dormir.

CHAPITRE II.

onsieur Durocher n'avait pas oublié la punition qu'il avait in-
fligée aux deux frères. Dès le lendemain ils furent enfermés dans
une chambre ; ils n'en sortirent que pour être conduits au pensionnat, et y furent ramenés aussitôt les classes finies. Six jours s'écoulèrent ainsi dans une complète séquestration. Le septième était jour de
congé. Le soleil étincelait dans la cour, et les moineaux chantaient gaiement sur les cheminées ; Antoine, le visage collé aux vitres, regardait
du coin de l'œil le ciel tout bleu que les toits lui laissaient entrevoir, en
pensant avec une sorte de rage que cette magnifique journée serait per-
due pour lui.

Après un long silence, pendant lequel ses désirs et sa colère avaient
grandi, il frappa rudement la fenêtre du poing.

Cela ne peut pas continuer ainsi ! s'écria-t-il ; je ne suis pas un mal-
faiteur, après tout, pour que l'on m'enferme... Petit Paul, nous devons être
libres, et pour cela il faut nous faire marins.

— Nous faire marins ? répéta Paul selon son habitude.

— Oui; sur la mer il n'y a ni oncle qui vous enferme, ni Grand-Jaune qui vous donne des pensums, ni agent de police qui vous empêche de lancer des cerfs-volants... Les marins sont indépendants.

— Tu crois? demanda Paul.

— N'as-tu pas vu comme le capitaine Solhaune avait l'air d'être habitué à ne point se gêner? Il a dit que le vin de Madère était mauvais, il a redemandé trois fois du pudding et a raconté toutes ses histoires les deux coudes sur la table, ce que notre tante nous défend toujours. Voilà un homme libre, petit Paul! on ne lui mesure pas sa tartine, à lui... C'est décidé, frère, n'importe par quel moyen, il faut que nous nous fassions coucher sur le rôle d'un équipage. Là, du moins, nous n'aurons pas de pédant qui nous force à prendre son latin en guise de pilules, et on ne nous enfermera pas quand le ciel sera en habit de Dimanche.

— Alors embarquons-nous, dit Paul, mais par quel moyen?

Il achevait à peine de parler, que la porte s'ouvrit; Madame Durocher parut avec le capitaine Solhaune.

— Eh vite, garçons, s'écria celui-ci, que l'on passe son habit neuf et son chapeau de gala! Je vous emmène à bord.

Les deux frères parurent étonnés.

— Le capitaine, qui part demain, a voulu nous donner à dîner, reprit Madame Durocher; il a demandé que vous fussiez de la partie, et j'ai cédé; seulement, demain vous reprendrez vos arrêts.

— Compris, dit Antoine, lorsqu'il se trouva seul avec son frère. Il eût fallu que quelqu'un restât ici pour nous garder, et ils nous emmènent afin de pouvoir aller tous à bord : c'est de la clémence intéressée; mais n'importe, cela pourra peut-être nous servir.

Deux barques attendaient les invités à l'endroit convenu, et en moins d'une heure, ils atteignirent la frégate.

Le capitaine avait préparé un accueil splendide : l'équipage était en grande tenue, le pont passé au grès, et le gaillard d'arrière recouvert d'une tente sous laquelle on avait dressé la table.

Les deux frères étaient émerveillés. Ils se mirent à parcourir le navire, examinant tout avec curiosité.

En se promenant sur la poupe, Antoine se trouva tout-à-coup en face du mousse auquel il avait voulu donner une leçon de politesse quelques jours auparavant. Celui-ci le reconnut également et parut embarrassé ; mais l'écolier l'accosta et ils entrèrent bientôt en conversation.

Le jeune homme parla de son vif désir de s'embarquer et de l'opposition qu'y apportait Monsieur Durocher. Jean Requin (c'était le nom du mousse), allait lui expliquer le moyen de satisfaire sa fantaisie malgré son oncle, lorsqu'on vint chercher son interlocuteur pour déjeûner.

On venait de quitter la table, quand un officier arriva portant des dépêches au capitaine Solhaune : elles lui ordonnaient de lever l'ancre à l'instant même et de franchir le goulet avant la nuit. A cette nouvelle, les invités s'empressèrent de prendre congé, et l'on arma à la hâte toutes les embarcations pour les reconduire à terre.

Paul et Antoine allaient descendre dans le canot du commandant, lorsque Jean Requin leur fit signe.

— Êtes-vous décidés à courir la bouline avec nous? demanda-t-il aux écoliers.

— Décidés, répondit Antoine.

— Eh bien, descendez dans la batterie, et cachez-vous derrière les coffres.

— Mais on nous cherchera.

— Je me charge de tout.

Les jeunes gens se regardèrent ; il y eut un moment d'hésitation. Mais comme nous l'avons déjà dit, Antoine était un garçon résolu et qui n'abandonnait point aisément un projet.

Descendons, Paul, dit-il d'une voix émue.

— Descendons, répéta Paul.

Et tous deux disparurent.

Cependant Monsieur Durocher, qui venait de prendre place dans la yole du commandant, demanda si personne n'avait vu ses neveux.

Un beau garçon et un mal tourné? dit Jean Requin.

— Précisément.

— Ils viennent de s'embarquer à babord dans le grand canot, et ils seront à terre avant vous.

Monsieur Durocher voulut s'assurer de la vérité de ce qu'on lui disait; mais le grand canot était déjà loin, le capitaine pressait le départ de la yole : il se rassit et se décida à regagner la ville, bien résolu d'infliger une nouvelle punition à ses neveux pour être repartis sans lui.

A peine les barques eurent-elles déposé à terre les invités, qu'elles regagnèrent le bord; on leva l'ancre et une heure après *la Rapide* avait disparu dans le goulet.

Ce fut le soir seulement, et lorsque l'on commençait à perdre la terre de vue, que les deux frères sortirent de leur cachette.

Le capitaine Solhaune se montra d'abord fort courroucé; mais le mal était sans remède, et il était désormais impossible de les débarquer.

Restez alors! s'écria-t-il; mais rappelez-vous bien, mes drôles, que vous faites partie de l'équipage, et veillez au grain, si vous ne voulez faire connaissance avec le *chat à neuf queues*. Allez trouver maître Floch; il vous fera donner une ration et un hamac.

Maître Floch regarda en tous sens les deux nouveaux venus, tourna trois fois sa chique, puis, haussant les épaules :

Sais-tu d'où ça nous vient, Requin, cette graine de modernes? demanda-t-il en se tournant vers le mousse qui avait indiqué aux deux frères le moyen de rester à bord.

Celui-ci fit un clignement d'œil et prit un air narquois.

— Ce sont deux messieurs de bonne famille qui ont embarqué pour être indépendants, disent-ils.

Maître Floch considéra les deux frères et le mousse.

— C'est différent, ajouta-t-il... alors faut leur parler avec des gants.

Et se tournant vers Paul :

— Toi d'abord, l'Enflé, je t'attache à notre gamelle...

— Je voudrais ne point être séparé de petit Paul, observa Antoine.

—Tu voudrais! exclama le matelot; excusez..... un novice qui parle comme le commandant.... Dis donc, Requin, fais donc des excuses pour moi à Monsieur..... Ah! ah! ah! il est curieux, l'indépendant!

Le marin éclatait de rire; Antoine, déconcerté, voulut lui faire une observation; mais il l'interrompit brusquement.

Assez causé! nous allons descendre à la batterie et te donner ce qu'il faut. Rappelle-toi seulement, noiraud, qu'ici le chien et les novices n'ont point de volonté. Requin t'expliquera cela en t'apprenant à manier le fauberg.

CHAPITRE III.

a conversation que nous venons de décrire avait quelque peu désenchanté Antoine sur les douceurs de la vie maritime; il n'était pas au bout.

D'abord le mal de mer ne tarda pas à l'éprouver; mais quelles que fussent ses souffrances et celles de son frère, nul n'y prit garde : Jean Requin seul, vint, deux ou trois fois, détacher leurs hamacs pour qu'ils sentissent davantage le rouli, et leur offrir un morceau de lard dont la vue seule augmenta leurs nausées. Cependant, vers le troisième jour, le mal s'apaisa, et ils purent monter sur le pont.

Ils s'y promenaient depuis quelque temps, lorsque maître Floch les aperçut et courut à eux.

Que faites-vous ici? s'écria-t-il brusquement.

— Nous prenons l'air, répondit Antoine.

— Sur le gaillard d'arrière?

— Pourquoi non?

— Pourquoi, paria? parce que tu n'es qu'un novice, et que c'est ici la promenade des officiers.

— Je l'ignorais.

— A l'avant, lascars ! à l'avant, si vous ne voulez que je vous envoie dévider du vent dans la grande hune.

Les jeunes gens obéirent d'assez mauvaise grâce, et allèrent s'asseoir près du cabestan.

Si nous mangions, frère? observa Paul après quelques instants de silence; nous faisons diète depuis trois jours, et je me sens près de défaillir.

— Mangeons, répliqua Antoine.

Mais quand ils se présentèrent à la cambuse, on leur répondit que leurs rations étaient distribuées, et qu'ils devaient attendre le repas de l'équipage.

Retournons nous coucher alors, dit Paul.

— Ne sais-tu donc pas que les hamacs ont été enlevés, répondit Antoine.

— Diable! il paraît que l'on ne peut ici se promener, manger ni dormir que selon le règlement.

Antoine ne répliqua rien; mais il commença à douter de l'indépendance des novices à bord des navires du roi.

Ce fut bien autre chose les jours suivants. Les deux frères eurent leur service : il fallut laver le pont, faire le quart, grimper aux hunes, et tout cela à heure fixe et au premier commandement. Antoine résista, mais la garcette fit son office : alors il voulut se révolter, rendre les coups; on l'attacha à une caronade et il fut impitoyablement fustigé.

Le capitaine Solhaune avait d'abord protégé les deux frères : aux premières plaintes il s'était contenté de les réprimander, en les engageant à plus d'obéissance ; mais lorsqu'il vit que leur indocilité continuait et pouvait être d'un mauvais exemple, il les abandonna à toute la sévérité de la discipline nautique.

Il en résulta pour Antoine une série non interrompue de punitions, dont, par contre-coup, petit Paul eut sa part, et qui leur fit regretter plus d'une fois, les gronderies de leur oncle et les pensums du Grand-Jaune.

Mais ils étaient trop orgueilleux pour avouer hautement leurs fautes ; ils jurèrent seulement de saisir la première occasion d'échapper à la garcette de maître Floch. Par malheur cette occasion était difficile à trouver.

Du reste, cette vie dure et active, loin de leur nuire, avait singulièrement développé leurs forces ; Antoine était devenu un grand garçon, et Paul lui-même avait pris tout le développement auquel il pouvait prétendre.

CHAPITRE IV.

Le capitaine Solhaune avait été chargé de relever plusieurs points restés douteux sur les cartes marines, et son voyage de circumnavigation devait durer plusieurs années. Il y avait déjà quarante mois que *la Rapide* tenait la mer, lorsqu'elle jeta l'ancre devant une petite île peu connue, située au-delà des tropiques. On y avait aperçu un ruisseau qui se jetait dans l'Océan, et on résolut d'y faire de l'eau.

La chaloupe fut donc armée, et les deux novices firent partie du détachement que l'on envoya à terre. Il avait été expressément défendu de s'écarter de la plage ; mais Antoine s'inquiétait peu des défenses quand le désir le poussait : profitant du moment où maître Floch faisait transporter les barriques, il s'échappa avec son frère et gravit le morne qui cachait l'intérieur de l'île.

Ils trouvèrent, au-delà, une vallée profondément encaissée et garnie d'arbres inconnus ; ils la suivirent quelque temps, puis, entraînés par la curiosité, ils franchirent un nouveau morne et pénétrèrent dans une seconde vallée plus large, entrecoupée d'arbres et de ruisseaux.

Ils allaient se décider à revenir sur leurs pas, lorsqu'en tournant un bosquet de tamarins, ils aperçurent tout-à-coup une cinquantaine de huttes à demi-enfouies sous les arbres.

Ils s'arrêtèrent à cette vue, ne sachant trop s'ils devaient avancer ou reculer; mais avant qu'ils eussent pu prendre une décision, un cri se fit entendre à quelques pas et ils aperçurent devant eux une jeune femme sauvage tenant un enfant par la main.

Elle avait pour vêtement une courte jupe de pagne et des brodequins formés de lanières de peau habilement tressées; de petits anneaux pendaient à chacune de ses narines; un large collier de graines variées et des bracelets de plumes complétaient sa parure.

Le cri qu'elle avait poussé à l'aspect des deux étrangers était de surprise plutôt que de frayeur; car, en les voyant immobiles, elle s'avança vivement vers eux et, leur adressant la parole dans une langue inconnue, mais douce, saisit leurs mains et les posa sur sa tête.

Antoine eut bien voulu comprendre et répondre, mais tout ce qu'il put faire, fut de prendre l'enfant que la jeune femme avait posé à terre et de l'embrasser.

Cependant le cri avait été entendu dans les autres cabanes, les deux frères furent bientôt entourés de femmes qui les contemplaient avec une surprise mêlée de joie et d'admiration.

Antoine et Paul éprouvaient un embarras et une curiosité extrêmes; mais ce qui les étonnait surtout, c'était de n'apercevoir aucun homme. Ils eurent bientôt l'explication de cette singularité, en entendant au dehors un grand bruit. C'étaient les guerriers de la tribu qui revenaient de la chasse.

Le chef, que l'on avait averti, entra presque aussitôt dans la hutte. Les mousses se levèrent, incertains de ce qui allait leur arriver, mais il ne les laissa pas longtemps dans cette incertitude, car, s'avançant vers eux une main sur la poitrine et l'autre étendue, il prononça quelques mots d'un accent confus et guttural.

Dieu me pardonne, il parle français! s'écria Paul, stupéfait.

— Oui, oui, Français! répondit vivement le chef.... Français, Daniel; Ove, fils de Daniel.

Les jeunes gens se regardèrent sans savoir ce qu'il voulait leur dire; après de longues explications entremêlées de gestes significatifs, ils crurent comprendre qu'un matelot français, nommé Daniel, avait autrefois abordé dans l'île ; qu'il avait fait alliance avec une tribu à laquelle il avait rendu de grands services et dont il était devenu le chef ; celui qui leur parlait était son fils adoptif et son successeur.

Ove ajouta que le Grand-Esprit avait pris en amitié les Carougas, puisqu'il leur envoyait deux blancs qui leur apprendraient beaucoup de choses nouvelles et les aideraient à vaincre leurs ennemis.

Il se tourna ensuite vers les femmes et leur donna des ordres : celles-ci sortirent et reparurent bientôt portant des nattes qu'elles étendirent à terre et des calebasses pleines de viandes grillées, de fruits et de poissons rôtis.

Les deux frères ne surent trop s'ils devaient accepter le repas qui leur était offert.

Au diable la garcette ! s'écria enfin Antoine. Que nous retournions maintenant ou plus tard, maître Floch n'en époustera pas moins nos varreuses : ainsi restons ; l'occasion de dîner avec des sauvages ne se présente pas tous les jours. Ils s'assirent en conséquence à la place qui leur fut indiquée et mangèrent gaiement. Ove leur fit passer une gourde pleine d'ouïcou (espèce d'eau-de-vie) et leur raconta les aventures de son père Daniel, son arrivée dans la tribu, son mariage, et les paroles qu'il avait coutume de répéter à son fils, que les hommes pâles sont moins heureux dans leurs pays que les Carougas ; puis, avec cet orgueil commun aux sauvages, Ove vanta aux mousses la fertilité de l'île, qui abondait en gibier et en fruits, et la liberté dont ils jouissaient dans leurs forêts.

A mesure que les gourdes d'ouïcou se vidaient, sa description devenait plus brillante, et les deux frères y prenaient plus d'intérêt. La liqueur fermentée du manioc commençait surtout à agir sur Antoine, lorsque Ove, se tournant vers la jeune femme qui avait la première aperçu les étrangers, lui ordonna de faire entendre le chant des Carougas.

Celle-ci obéit d'une voix monotone, et quand elle se tut, de grands cris s'élevèrent dans la cabane pour l'applaudir ; exaltée par la liqueur, Antoine cria plus haut que les autres ; et se tournant vers son frère, il dit :

Voilà des gens heureux, petit Paul, ils dorment, mangent et se promènent à leur fantaisie.

— Si nous restions avec eux, s'écria Paul.

— Pour être indépendants.

— Et pour éviter la garcette de maître Floch.

— J'y pensais, petit Paul.

— Faisons-nous sauvages, Antoine.

— Soit... Hourra! pour les peaux tannées! Nous voulons devenir de vrais Carougas pour que la terre nous appartienne et que nous soyons nos maîtres, comme dit la chanson.

Lorsque Ove connut la décision de ses hôtes, il témoigna une grande joie, ainsi que toute la tribu; on apporta de nouvelles boissons et le festin continua jusqu'à ce que l'ivresse et le sommeil les eussent tous étendus sur leurs nattes.

CHAPITRE V.

Les deux mousses se réveillèrent fort tard le lendemain. Ils eurent quelque peine d'abord à se reconnaître; ce n'est qu'après avoir rassemblé leurs idées, qu'ils se rappelèrent ce qui s'était passé. Effrayés de leur escapade, ils coururent au rivage, espérant que les embarcations auraient été envoyées à leur recherche; mais en arrivant sur la grève, ils n'aperçurent plus la frégate.

Un orage qui s'était élevé dans la nuit l'avait forcée à prendre le large. Le capitaine Solhauno essaya pendant quelques jours de regagner l'île, mais sans pouvoir y réussir; enfin, craignant de compromettre *la Rapide* par un plus long séjour dans ces parages et pensant qu'il était d'ailleurs trop tard désormais pour porter secours aux mousses, qui sans doute avaient péri, il se décida à continuer sa route.

Antoine et Paul, comptant sur le retour de la frégate, restèrent longtemps sur le rivage, mais au bout d'une semaine, ils perdirent tout espoir.

Ce fut d'abord pour eux un cruel désappointement ; car, malgré la résolution qu'ils avaient prise sous l'influence de l'ouïcou, et les promesses
faites à Ove, ils ne pouvaient s'habituer à l'idée de ne plus revoir la France.

Cependant, la première douleur passée, Antoine prit courageusement
son parti. Il y avait, en effet, dans cette nature indomptable une énergie
et une élasticité qui la rendaient propre à supporter tous les revers. Il
tâcha même de se persuader que tout était pour le mieux.

En définitive, dit-il à Paul, qui, les yeux humides et le cœur gros, le
regardait mélancoliquement, nous ne pouvions vivre plus longtemps à
bord ; le capitaine était un tyran, et maître Floch un brutal, dont je serais
arrivé à me venger à coup d'épissoir. Ici nous vivrons à notre fantaisie,
et cela dédommage du reste. Rappelle-toi ce que je t'ai toujours dit : je
veux être indépendant.

— Soyons donc indépendants, ajouta tristement petit Paul.

Et tous deux retournèrent au carbet du chef.

Antoine lui déclara qu'il voulait entrer dans sa tribu et être son ami,
comme l'avait été autrefois Daniel.

Ove montra une grande joie.

Un de nos frères, dit-il, se fait recevoir guerrier aujourd'hui ; nos
amis blancs verront à quelles conditions on fait partie des Carougas.

Les mousses se jetèrent un regard.

— J'ai peur, frère, murmura Paul, qu'ils nous demandent d'abandonner nos vêtements.

— Dans tous les cas ils ne tarderont pas de nous abandonner d'eux-
mêmes, répondit Antoine.

— Mais ils voudront nous peindre à l'huile, comme eux.

— Cela nous préservera des moustiques et du poudin de mer.

— D'ailleurs, objecta Ove qui les avait écoutés, ne faut-il pas qu'un
Carougas reconnaisse son allié à la manière dont il est peint ?

— Soit ; mais j'aurais bien voulu que l'indépendance sauvage allât jusqu'à permettre les culottes.

Cependant la tribu se réunit; le jeune homme qui se présentait pour être reçu parmi les guerriers fut amené, et s'assit à terre, au milieu de l'assemblée.

Son père s'approcha et lui fit un long discours, dans lequel il l'exhortait à combattre courageusement l'ennemi et à supporter toutes les douleurs avec patience. Puis, prenant un mancefenil (oiseau de proie), il en frappa son fils jusqu'à ce que la tête de l'oiseau eût été brisée sur celle du candidat. Alors, s'armant des arêtes tranchantes d'un poisson, il lui découpa la peau en tous sens, frotta les plaies avec du jus de piment et finit par lui faire manger le cœur du mancefenil.

Le jeune sauvage qui avait supporté ces affreuses tortures sans pousser une plainte, fut ensuite déposé dans un lit de coton, où son père annonça qu'il jeûnerait cinq jours. Au bout de ce temps il devait être déclaré guerrier et digne de chasser et de combattre avec les autres.

Les novices avaient suivi cette cérémonie avec autant de pitié et d'épouvante que de curiosité. Lorsqu'elle fut achevée :

Mes frères blancs ont vu? dit Ove lentement.

— Et l'on ne peut, sans ces épreuves, faire partie de votre tribu? demanda Antoine.

— Non, répondit le chef; car ce sont elles qui nous assurent du courage des jeunes gens. Les lâches ne peuvent jamais devenir des Carougas.

— J'aurais encore pu accepter la peinture de rocou en guise de pantalon, murmura Paul; mais faire découper ma peau comme une broderie, puis la mettre à la sauce piquante.... C'est mille fois pis que la corde goudronnée de maître Floch.

Les deux frères prirent peu de part à la fête qui fut donnée par les parents du jeune récipiendaire, et dès qu'ils purent se trouver seuls, Antoine dit à son frère, avec un accent de regret :

Nous ne resterons point parmi ces brutes, petit Paul; je le vois bien maintenant, c'est partout de même : au pensionnat, il y avait la retenue et les pensums; à bord de la frégate, les coups de garcette; ici, les écorchures frottées de piment. Puisque partout où les hommes sont réunis il faut que l'on vous tyrannise et que l'on vous torture, sauvonsnous dans les bois; la terre, le ciel et l'eau nous fourniront tout ce qu'ils fournissent aux sauvages. Adieu donc leur tribu, et vivons seuls pour être indépendants.

Petit Paul tenait trop à ses culottes et surtout à sa peau, pour ne pas goûter ce conseil; aussi, profitant de l'ivresse des Carougas, quittèrentils le soir même la vallée. Ils franchirent plusieurs chaînes de collines et arrivèrent enfin, après une longue marche, sur un plateau vaste et élevé, d'où ils aperçurent l'île entière ainsi que la mer qui l'entourait. Ce plateau était couvert d'arbres chargés de fruits, un ruisseau poissonneux le traversait, les ignames et le manioc y poussaient sans culture; ils pensèrent qu'ils ne pouvaient trouver un lieu plus convenable.

En conséquence, ils rassemblèrent des branches sèches, de la terre, des feuilles de latanier, et construisirent de leur mieux un carbet pour s'abriter.

Quant au lit, ils enfoncèrent dans le sol quatre pieux, les réunirent par des tresses enlacées d'écorce de mahot et recouvrirent de feuillage et de coton cette trame grossière. Ils se fabriquèrent ensuite des arcs de palmistes et des flèches de bambou, armées d'une forte arête de poisson; mais ils furent longtemps avant de pouvoir s'en servir avec assez d'adresse pour frapper le gibier. Heureusement que la pêche, les fruits et les racines arrachées à la terre pouvaient leur suffire.

CHAPITRE VI.

Quelques mois s'écoulèrent de cette manière. Antoine avait tout fait pour prendre goût à cette vie sauvage et pour se persuader que la liberté dont il jouissait enfin suffisait à son bonheur; mais malgré ses efforts, la tristesse et le découragement s'étaient emparé de lui; cette solitude lui pesait. Il eut, d'ailleurs, bientôt à souffrir des maux qu'il n'avait point prévus. Ses vêtements ainsi que ceux de son frère tombaient en lambeaux; ils avaient à supporter tour-à-tour la chaleur du jour et le froid de la nuit. Pour comble d'infortune, un orage emporta leur cabane, le ruisseau où ils avaient pêché jusqu'alors tarit tout-à-coup, les ignames manquèrent et la faim se fit sentir.

Paul, moins robuste que son frère, ne put résister à tant de privations et de fatigues; il tomba malade.

Antoine, qui avait courageusement lutté contre la misère, sentit son énergie l'abandonner quand il vit son pauvre frère étendu sur leur lit de feuilles, sans regard, sans voix et presque sans haleine. Il s'assit à terre, cacha sa tête dans ses deux mains et se mit à pleurer amèrement.

Paul l'entendit et l'appela.

— Pourquoi pleures-tu, frère? demanda-t-il avec effort.

— Parce que c'est par ma faute que tu es ici, répondit l'aîné.

— Ne dis pas cela; n'ai-je pas voulu venir avec toi.

— Non! non! C'est par amitié pour moi que tu m'as suivi; c'est parce que je ne pouvais me soumettre à personne que nous avons quitté Brest, puis la frégate.... J'aurais voulu trouver un lieu où l'on pût vivre entièrement libre; mais maintenant je comprends qu'il n'en est point... Là bas, c'étaient des parents et des supérieurs qui étaient nos maîtres; ici, c'est la faim, le chaud, la maladie. Ce que je croyais l'indépendance n'est que l'isolement, et l'isolement est le pire de tous les maux. Si nous étions encore au pays, à bord, ou même chez les Carougas, tu aurais des soins, des remèdes pour calmer tes souffrances, tandis qu'ici je ne puis rien que les voir et les déplorer. Oh! pourquoi n'ai-je pas senti plus tôt que dans la société on nous rendait en protection ce que nous donnions en obéissance.

— Je l'ai souvent pensé, balbutia le malade; et toutes les fois que tu répétais : Je veux être indépendant! il me semblait t'entendre dire : Je veux vivre pour moi seul et avoir raison contre tout le monde. Mais si je te l'avais dit tu aurais cru que je refusais de faire comme toi.

— Cher Paul! s'écria Antoine en serrant son frère dans ses bras, comment réparer le mal que je t'ai causé ? Ah ! que ne puis-je te rendre à notre famille au prix de ma vie!.. Mon Dieu! n'avez-vous donc aucune pitié de ceux qui se repentent.

Il n'avait point achevé qu'une sourde détonnation se fit entendre au loin. Paul ouvrit vivement les yeux.

— As-tu entendu ? demanda-t-il.

— Quoi ?

— Écoute...

Un second coup venait en effet de retentir.

— Le canon! s'écria Antoine en se levant d'un bond et fou de bonheur.

— C'est un navire! ajouta Paul.

Antoine s'élança hors de la cabane ; un vaisseau s'avançait, en effet, à pleines voiles, tournant la pointe la plus avancée de l'île.

Une pensée subite traversa son esprit : il saisit un tison au foyer et courut à un bouquet d'arbres desséchés qui s'élevait sur le sommet du plateau, il y mit le feu. Bientôt la flamme, activée par le vent, courut en tourbillonnant autour des tiges mortes, et s'éleva comme une longue colonne.

En même temps Antoine, qui s'était placé au pied des arbres enflammés, au risque d'être écrasé par leur chute, faisait des signaux... Tout-à-coup les voiles furent carguées, le navire s'arrêta et une chaloupe se dirigea vers la terre. On l'avait aperçu !

Courant aussitôt au carbet, il prit sur ses épaules son frère délirant de fièvre et de joie, et descendit vers la mer aussi vite que lui permettait son fardeau.

Lorsqu'il atteignit la grève, l'équipage de la chaloupe était déjà débarqué et s'avançait vers le morne.

Antoine sentit ses jambes fléchir sous lui ; un voile couvrait ses yeux et l'empêchait de distinguer ses sauveurs. Il entendit seulement des voix ; un bruit de pas... Il fit un effort pour s'élancer, et vint tomber haletant, épuisé à leurs pieds.

— Mille sabords ! c'est le noiraud, s'écria une voix connue.

— Maître Floch ! dit Antoine.... et il s'évanouit de fatigue et d'émotion.

On releva les deux frères, qui furent transportés dans la chaloupe, et de là sur la frégate, où tout s'expliqua.

Les mousses racontèrent ingénument ce qui leur était arrivé. Quant au retour de *la Rapide* dans ces parages, il n'était point fortuit : le capitaine Solhaune, après avoir rempli sa mission, avait voulu repasser près de l'île pour connaître, s'il était possible, le sort des deux fugitifs. On a vu comme le hasard avait favorisé cette difficile recherche.

Les soins donnés à Paul réussirent à le sauver et il débarqua sain et sauf à Brest, avec son frère.

M. Durocher les accueillit avec une joie que nous renonçons à décrire, et dès ce jour ils lui témoignèrent une soumission qui ne se démentit jamais.

CHAPITRE VII.

Antoine, fidèle à son caractère aventurier, embrassa la carrière des armes, où il ne tarda pas à obtenir un rapide avancement ; et Paul, qui ne s'était séparé de son frère qu'avec douleur, devint le premier clerc de son oncle, autant pour tromper son chagrin que pour satisfaire son esprit d'imitation en copiant les actes du tabellionage.

Plus tard, il succéda à M. Durocher et devint si populaire par son intégrité, qu'aujourd'hui encore les bonnes gens de Brest et des environs ne parlent qu'avec respect du petit bossu, ainsi qu'on l'appelait autrefois.

Après plusieurs actions d'éclat, Antoine revint près de son frère, entièrement corrigé par l'expérience de cette espèce d'orgueil qui jusqu'alors l'avait rendu indisciplinable. Il était devenu aussi patient qu'il avait été révolté, et lorsqu'on parlait devant lui de liberté, il avait coutume de dire :

« La véritable indépendance n'est que dans la prompte obéissance au » devoir, et Voltaire a avancé avec justesse qu'*il n'est point d'état dans la* » *société qui n'ait sa servitude.* »